Institutos

Leticia Suárez del Cerro
CURSOS DE MODELADO EN PORCELANA FRÍA

SEDE CENTRAL CASEROS
Directora General y de Enseñanza:
Leticia Suárez del Cerro

Andrés Ferreyra 2594
Teléfonos: 4716-2420
info@suarezdelcerro.com.ar
Facebook: Leticia Suárez del Cerro - Instituto Caseros
Seminarios y perfeccionamientos dictados por Leticia.
Profesorado con títulos otorgados y avalados por Leticia Suárez del Cerro.

SUCURSAL CABALLITO
Directora: Margarita Suárez del Cerro
Del Barco Centenera 295 1er piso
Teléfonos: 4902-5917
caballito@suarezdelcerro.com.ar
Facebook: Instituto Leticia Suárez del Cerro - Sucursal Caballito

INTERIOR DEL PAIS
CÓRDOBA
Organizadora: Verónica Anabella Alcántaro
Dirección: Madre Pastorino 3075
Barrio Villa Corina - Córdoba Capital
Teléfono: 0351-479-2258   0351-15-632-7741
email: naeli@live.com.ar
Facebook: Naeli Creaciones
CATAMARCA
Organizadora: Liliana Edith Lobo - "Taller encantada"
Dirección: Av. Juan Pablo Vera 95 - Capital - Catamarca
Teléfono: 03834-440-772 | Celular: 03834-15-567-411
email: lilllobo68@hotmail.com - lalylobo@yahoo.com
TUCUMÁN
Organizadora: María Angela Pastorini "El taller de Marietta"
Dirección: Bº 200 Viviendas de Viluco Mna. "A" Casa 32 - Tucumán Teléfono: 0381-400-5379 | 0381-15-445-2539
email: mpastorini22@yahoo.com.ar | marietta2275@yahoo.com.ar
facebook: Marietta porcelana fría
ROSARIO
Organizadora: Patricia Aguirre - Taller Soles
Dirección: Triunvirato 440 (ex 540) Rondeau al 200
Teléfono: 0341-454-9496 | Celular: 0341-15-606-1505
email: yo_pato15@hotmail.com | tallerdossoles@hotmail.com
PEHUAJO
Organizadora: Marisol Giannotti
Dirección: Clemente Grand 880 - Pehuajó, Prov. de Bs. As.
Teléfono: 02396-475-490 | Celular: 02396-15-622-592
email: marigiann@hotmail.com | facebook: Marisol Giannotti
SAN JUAN
Organizadora: Cecilia Leonor Quiroga
Dirección: Coronel Guerrero 258, Villa San Martín, Albardón, San Juan
Teléfono: 0264-491-2325 | Celular: 0264-15-509-7905
email: quirogacecilialeonor@live.com
facebook: Cecilia Quiroga
MENDOZA
Organizadora: Adela Berrondo "Taller Locas Artesanías"
Dirección: Barrio In-me M. L. Casa 6 - El Challao - Las Heras
Mendoza Teléfonos: 0261-444-4186 | 0261-15-557-5562
email: duque-002@hotmail.com | facebook: Adela Berrondo
LA PAMPA
Organizadora: María Eugenia Italiani y Marisol Ginnotti
Dirección: González 334 - Santa Rosa - La Pampa
Teléfonos: 02954-430598 | Celular: 02396-15-622-592
Email: marigiann@hotmail.com
Facebook: Marisol Giannotti
MAR DEL PLATA
Organizadora: Mabel Guerrero
Dirección: Berutti 3936 (entre Guido y Funes)
Teléfonos: 0223-475-7780 | Celular: 0223-15-536-1980
email: mabel_guerrero12@hotmail.com
Facebook: Porcelana Caricias de Hadas

Participan en esta edición

NANCI ARRÚA
Profesora Instituto
Sede Central Caseros

MARIANA SERANTES
Profesora Instituto
Sucursal Caballito

SOLEDAD QUIPILDOR
Profesora Instituto
Sede Central Caseros

ALEJANDRA DOMINGUEZ
Profesora Instituto
Sede Central Caseros

ADRIANA GARIFO
Profesora Instituto
Sucursal Caballito

PAULA SIMONETTI
Profesora Instituto
Caballito

Editorial

¡Hola chicas!

¡Muchísimas gracias por tantas demostraciones de cariño!

Estamos felices porque sabemos que les gustó la incorporación de las ideas de las profesoras en la revista. Realmente, trabajando en equipo, surgen muchas más ideas y todos nos enriquecemos un montón, y ustedes se ven beneficiadas con la diversidad de manos que van colaborando en cada ejemplar. Nuestra misión es ayudarlas, día a día, a trabajar mejor la porcelana fría; un material del cual todas nos enamoramos ni bien la conocimos. Es tan dúctil, suave, limpia..., nos permite trabajar en casa, sin ocupar grandes espacios para su manejo... es un material ideal para las mujeres que nos gustan las manualidades, sobre todo el modelado. He probado varias masas para modelar y si bien todas tienen su encanto la porcelana se distingue entre las demás por no necesitar elaboración previa ni horneado...permite colorearla con cualquier pigmento y hasta pintarla luego de seca.

Cada año voy tratando de incorporar nuevas técnicas y desafíos con este material, y es un enorme placer poder transmitirselas a todas ustedes gracias a ésta... ¡nuestra revista de Porcelana Fría!

Cariños para todas,

Leticia ♡

LETICIA SUÁREZ DEL CERRO
Directora General y de Enseñanza
SEDE CENTRAL CASEROS

Generalidades básicas

La porcelana fría es una masa dúctil que se seca al aire libre. se la debe conservar en lugares frescos y oscuros, dentro de bolsitas o frascos herméticos (siempre separada por colores). dura dos meses aproximadamente y la consistencia de la masa debe ser similar a la de la plastilina.

Teñido de la masa

• Se puede dar color a la porcelana fría con óleos, colorantes vegetales, témperas y acrílicos. Tener en cuenta que los dos últimos son pinturas a base de agua y no al aceite, de modo que es recomendable utilizar para teñir colores muy claros, colocando una pequeña cantidad del producto.

• Es aconsejable teñir con pocas cantidades de pintura y si es necesario intensificar el tono volver a colocar el color y mezclar nuevamente, ya que si el resultado es muy oscuro se necesitarán grandes cantidades de masa natural para aclararla.

• Tener en cuenta que una vez que se seca la porcelana el color se oscurece, por este motivo teñir un tono más bajo al que se desea como resultado final.

Forrado de esferas con prolongación

• Forrar una esfera de telgopor hundiendo la misma en una porción de masa dos veces mayor al volumen de la esfera.

• Subir la masa dejando una capa fina alrededor de la esfera; buscar la forma de la misma por debajo de la masa de manera que se note bien la redondez de la esfera.

• Con el resto de la masa realizar una prolongación a modo de rollo (su largo va a depender de la figura que se va a modelar). Presionar el sobrante de masa afinándola para que no queden imperfecciones en el corte.

• Mediante esta técnica podremos realizar cuerpos, cabezas, frutas, verduras y diversos objetos.

La esfera de telgopor nos ayuda a dar formas perfectamente redondas y a alivianar el modelo terminado. Podemos encontrar gran variedad de tamaños de esferas.

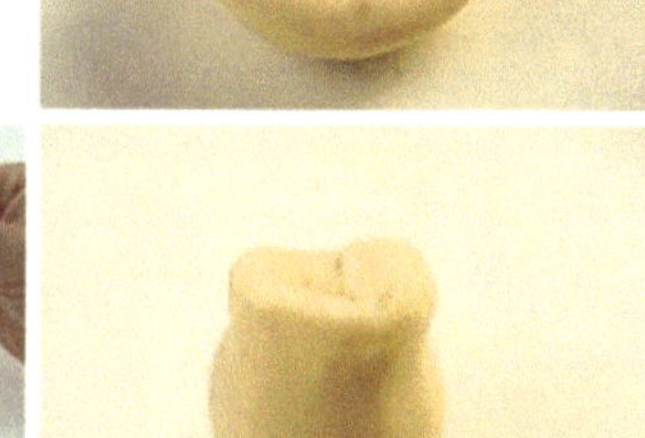
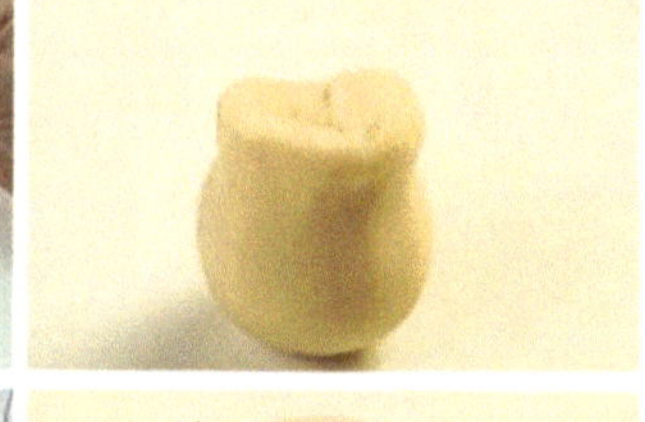

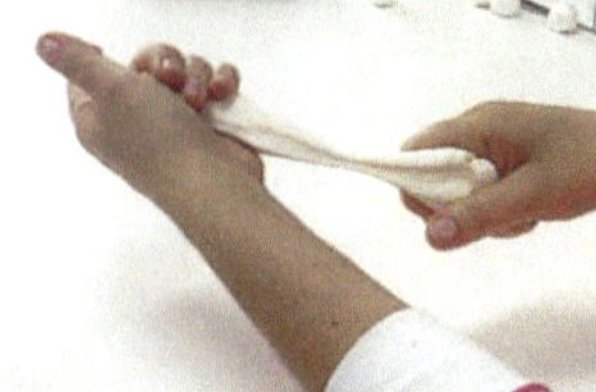

Modelados de manos

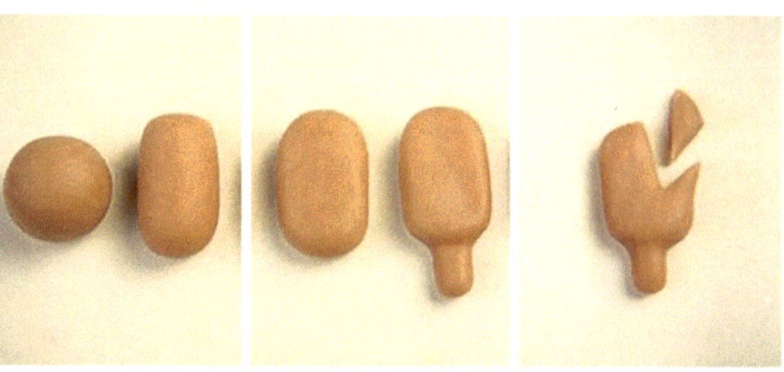

• Partiendo de una esfera sin grietas modelar un rollito y aplanar, afinar una pequeña porción para la muñeca. Cortar una forma triangular para separar el pulgar del resto de los dedos.

• Redondear el corte y dar forma al pulgar abarcando la palma hasta la muñeca. Hundir el centro de la palma con un bolillo, y realizar una leve curva descendente para el nacimiento de los dedos restantes. Cortar los dedos, separar y redondear. Marcar las falanges con una esteca de filo.

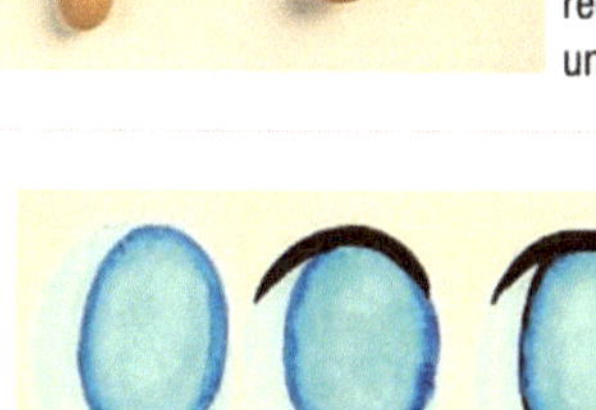
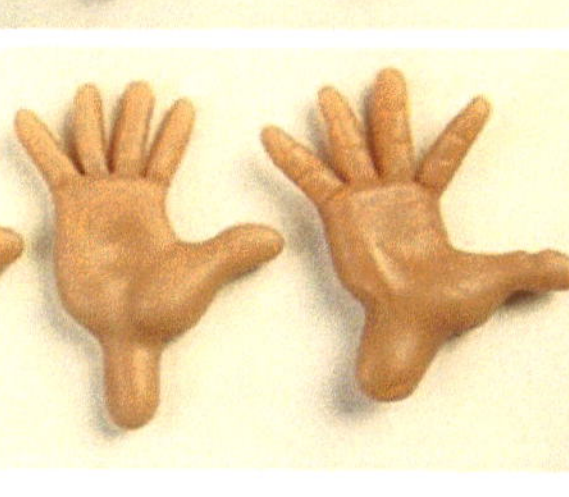
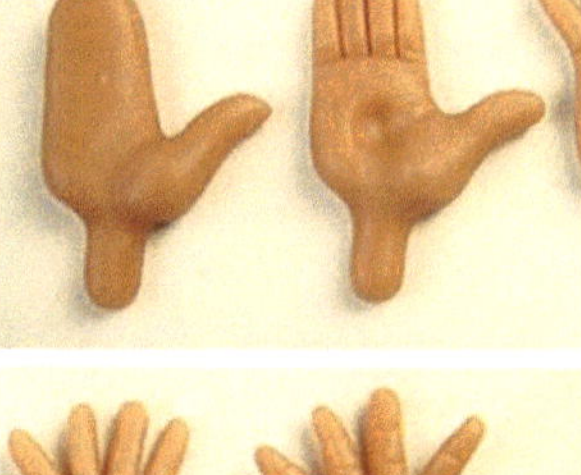

PINTURA DE OJOS

• Pintar un óvalo con marcador celeste muy claro pintando su interior. Con un azul oscuro dibujar un óvalo por dentro que sea más pequeño al de la base clara; orientarlo hacia la derecha o la izquierda, según la dirección de la mirada.

• Con el marcador celeste claro esfumar el azul hacia el interior del óvalo obteniendo la mezcla de ambos tonos. Con una microfibra negra realizar una curva en la parte superior del ojo; engrosar con nuevos trazos en su parte media dejando los extremos finos a modo de medialuna.

• A continuación dibujar dos pestañas, una más larga que otra.

• Con una microfibra blanca iluminar la mirada realizando un punto en la parte central y superior del óvalo oscuro (pupila del ojo). En el ángulo superior del óvalo claro rellenar con blanco y esfumar hacia abajo con una fibra gastada, que no contenga tinta.

Por último delinear con negro el punto blanco y el óvalo oscuro para obtener una mejor definición y contraste.

Modelado de cabeza básica

• Forrar una esfera de telgopor hundiendo la misma en una porción de masa (fotos 1, 2 y 3) utilizando la técnica del forrado de esfera con prolongación (página 4).

• Destacar la redondez de la esfera ubicada debajo de la capa pareja de masa (sector de la frente) para poder tomar recién ahí la medida de la misma y trasladar sólo la mitad a la prolongación (foto 4).

• Esta imagen muestra la mitad de la medida de la esfera trasladada a la prolongación. Hundir con el dedo para marcar el límite de la cara y así poder retirar el sobrante de masa (foto 5).

• Afinar sobre esta marca presionando hacia abajo con un dedo hasta cortar en la parte posterior (donde luego estará ubicado el cuello) sin que queden prácticamente marcas (foto 6 y 7).

• Redondear la zona del corte, dando forma de pera (foto 8).

• Para separar el cuello de la cara, dividir la zona recién redondeada por la parte inferior aproximadamente a la mitad del espesor de la misma (prolongación). Continuar marcando esta línea divisoria cara-cuello subiendo en ambos laterales hasta llegar a la esfera (que sería el cráneo). Esta marca separa el cuello por detrás de la cara, diferenciando la mandíbula inferior del mismo (fotos 9 y 10).

• Alargar el sector del cuello estirando la masa y afinando con los dedos hacia abajo a modo de rollo (foto 11).

• Evitar que la masa para realizar mejillas, nariz y boca quede apuntando hacia abajo, quedando así una forma de "trompa caída" muy separada de la frente; para ello, presionar este sector de masa hacia la esfera "compactando" la misma para que resulte un perfil delicado y respingado. Hacer presión constantemente en el límite donde termina la esfera y comienza la prolongación; este sector separa la frente redondeada (por la esfera que está debajo) de la zona del resto de la carita. Hundir imitando una "canaleta" en este sector divisorio en donde luego se dibujarán los ojos (foto 12).

• Para la nariz (foto 13), realizar una pequeña bolita de masa, dándole forma ovalada. Pegarla de manera apaisada y en el centro de la cara dejando para ambas mejillas la misma proporción de masa. Tener en cuenta que la nariz se ubica a continuación de la canaleta de los ojos; bien cerca de la frente.

• Con un bolillo chico realizar la boca (foto 14), hundiendo y bajando para formar el labio inferior. Con una esteca de punta curva marcarlo por debajo para definirlo bien (foto 15).

• Para el mentón (foto 16), dejar una pequeña porción de masa debajo de la boca y, con los pulgares, separar la misma de las mejillas redondeando siempre las formas con las yemas de los dedos.

• Modelar dos peritas pequeñas para las orejas y pegarlas en forma invertida a los lados de la cabeza. Con un bolillo chico ahuecar en el centro (foto 17).

• Una vez que la masa esté bien seca, luego de 24 horas, pintar los ojos y dar color a las mejillas con rubor o polvos tonalizadores (foto 18).

• Cubrir la masa que no se utiliza para que no se seque. Podemos utilizar papel film, bolsas plásticas y si se desea guardar la masa por tiempo prolongado colocarla envuelta en recipientes herméticos.

• Para evitar que quede aire entre las esferas de telgopor y la masa untar las mismas previamente con cola vinílica y dejar secar. Al realizar la prolongación la masa se adhiere sin dificultad evitando las burbujas de aire.

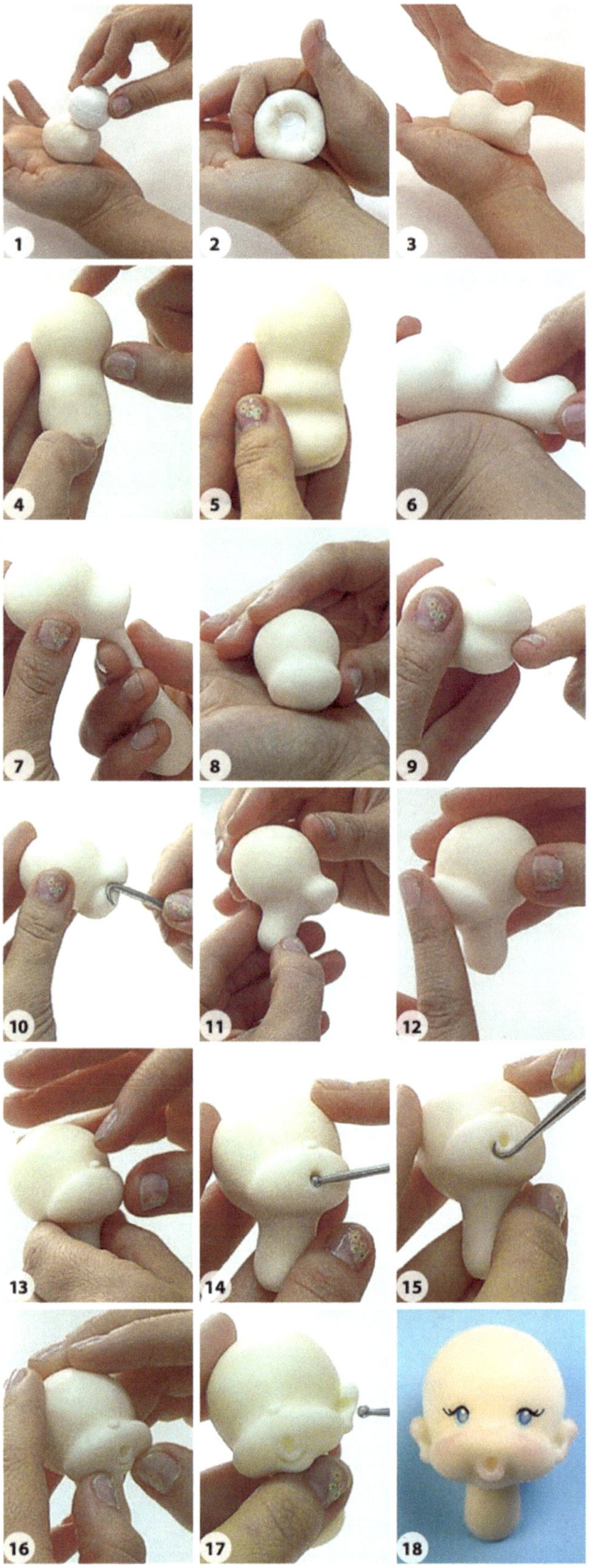

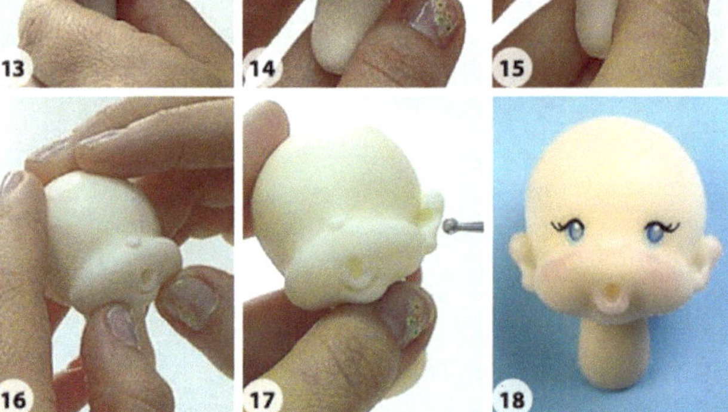

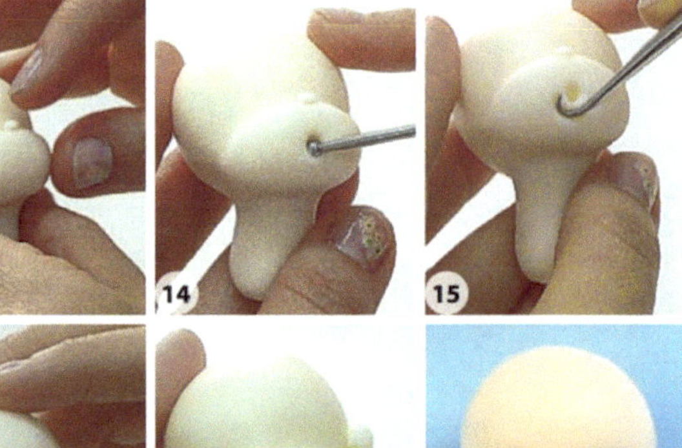

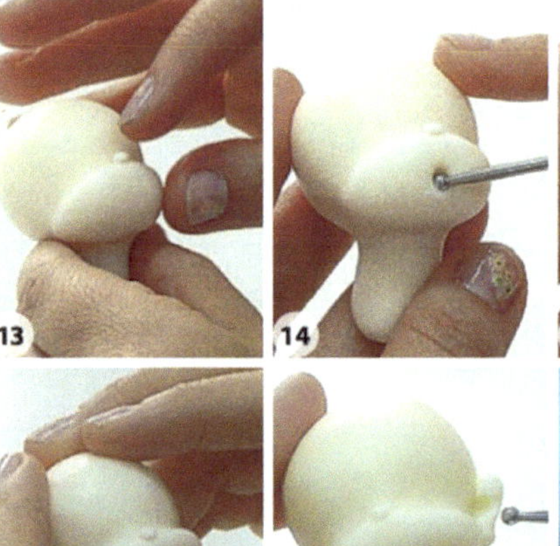

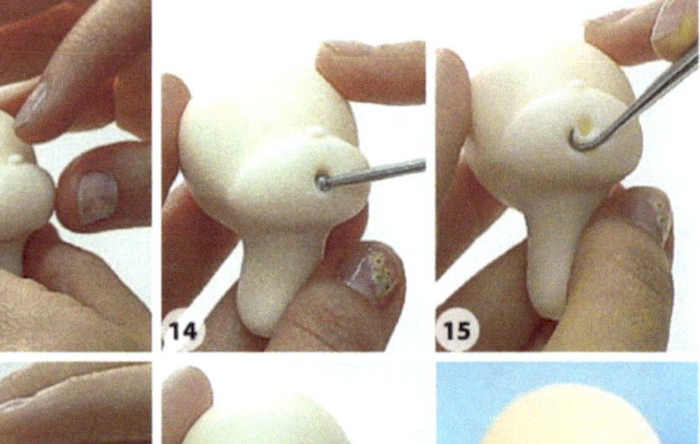

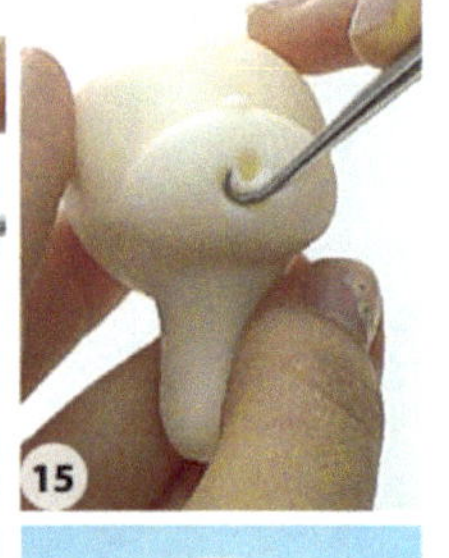

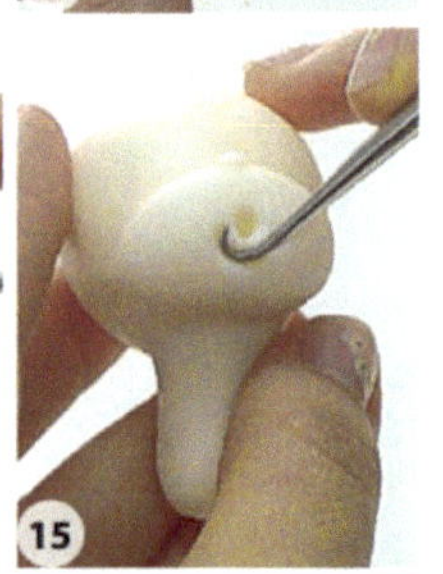

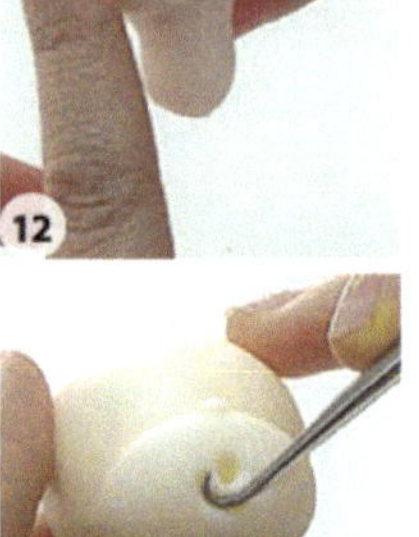

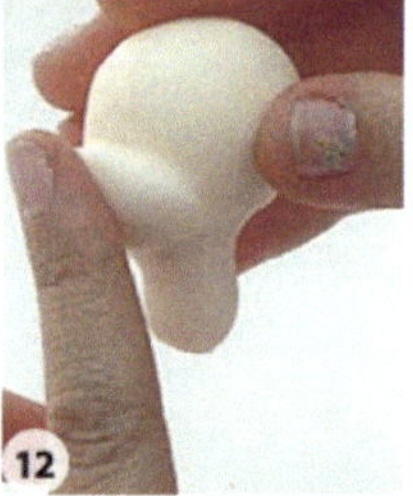

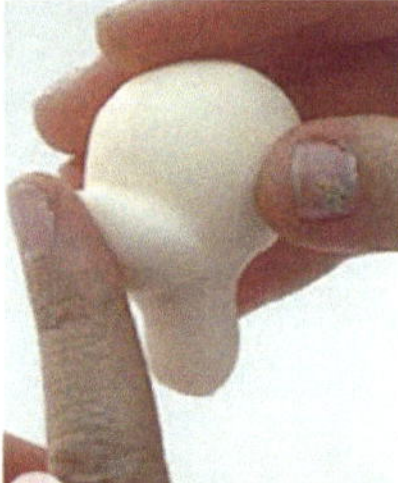

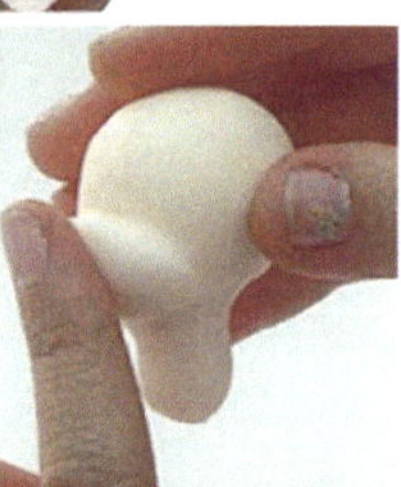

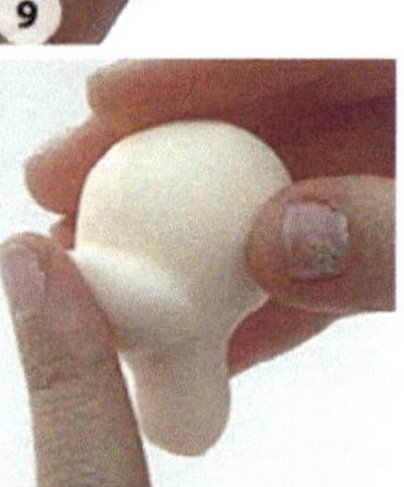

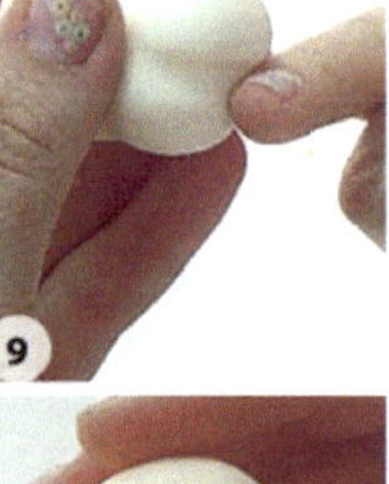

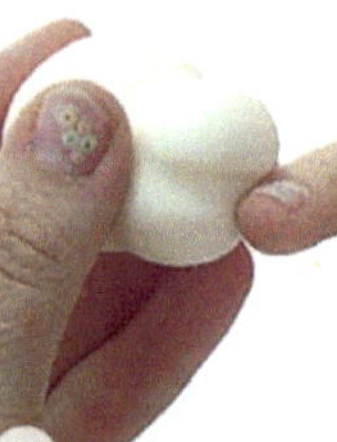

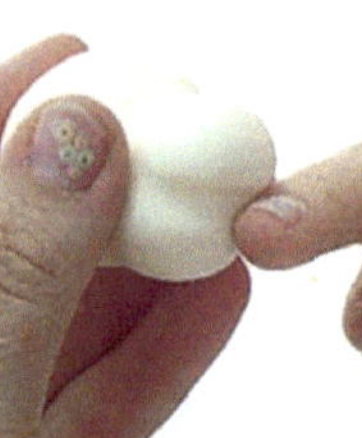

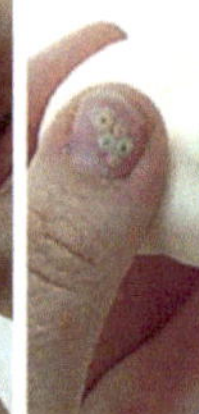

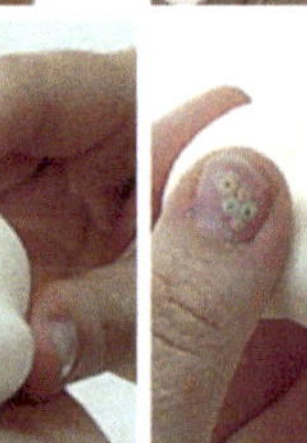

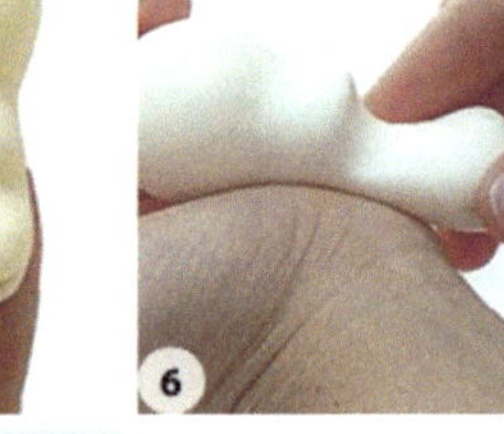

Osa coqueta

Con un toque romántico y naif una osa vestida que dejará a todos boquiabiertos a la hora de soplar las velitas.

MATERIALES

- Porcelana fría: 1 kg
- Esfera de telgopor: N° 6 y N° 7
- Pigmentos para porcelana: siena natural y rosa
- Estecas y bolillos
- Cola vinílica
- Toallitas húmedas
- Palo de amasar
- Clavitos negros
- Silicona líquida transparente
- Tela
- Puntilla
- Cintas
- Flores de tela
- Tiza pastel o polvo tonalizadores
- Base de telgopor
- Cepillo de cerda dura

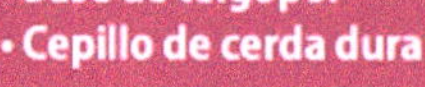

Dice Leti...
Recuerden que es muy importante que no se seque la masa antes de texturar con el cepillo.

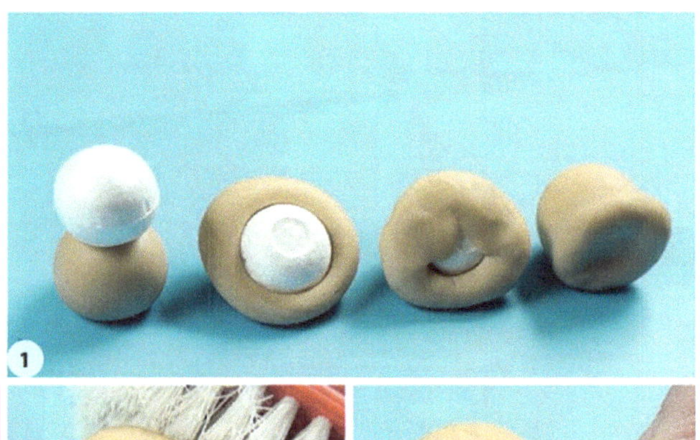

PASO 1 • Para el cuerpo, forrar una esfera con prolongación.
PASO 2 • Cubrir bien la esfera, cerrar la unión y redondear bien la unión con una toallita húmeda.
PASO 3 • Texturar con un cepillo de cerda dura para darle el aspecto de pelo de oso.
PASO 4 • Marcar costuritas con una esteca de punta plana.
PASO 5 • Para las patas, modelar dos rollitos inclinados, darles base en la parte más ancha y texturar con un cepillo de cerda dura.
PASO 6 • Marcar arrugas en el doblez de la posición deseada y costuras con una esteca.
PASO 7 • Juntar las piernas y pegar sobre ellas el cuerpo con cola vinílica.

IMPORTANTE
Sostener el cuerpo con un palillo de madera en un telgopor.

PASO 8 • Para la cabeza, forrar una esfera con prolongación ancha, marcar bien la esfera para destacar la frente. Dividir la parte de la cara en tres sectores dejando el central para el hocico, dividir el mismo a la mitad, abrir la boca con un bolillo y marcar el sector de los ojos. Texturar con el cepillo de cerda dura y levantar el sector de las cejas.

PASO 9 • Insertar los clavitos negros para los ojos. Se pueden reemplazar los clavitos por perlitas negras o bolitas de masa.

PASO 10 • Marcar costuritas y colocar un triangulito para la nariz.

PASO 11 • Para las orejas, modelar una bolita, aplanar, texturar con el cepillo y marcar costuritas.

PASO 12 • Adherir las orejas de atrás hacia adelante con cola vinílica.

PASO 13 • Pegar la cabeza al cuerpo con cola vinílica.

PASO 14 • Para el vestido, cortar una tira de tela, estirar masa y cortar una tira.

PASO 15 • Untar la totalidad de la superficie de la masa con cola vinílica.

PASO 16 • Colocar la tela sobre la masa utilizando la técnica para découpage.

PASO 17 • Presionar con el palo para integrar la tela a la masa.

PASO 18 • Decorar con una cinta y puntilla.

PASO 19 • Fruncir bien la parte superior del vestido.

PASO 20 • Presionar bien las tablas con el palo de amasar.

PASO 21 • Emparejar los bordes con una tijera.

PASO 22 • Pegar alrededor del cuerpo con cola vinílica.

PASO 23 • Adherir una puntilla en la parte superior del torso.

PASO 24 • Darle al vestido el movimiento deseado.

PASO 25 • Para los brazos, modelar dos lagrimitas sin punta, aplanar la parte más ancha y texturar con el cepillo de cerda dura. Realizar costuritas y arrugas con la esteca.

PASO 26 • Para las mangas, hacer lo mismo que lo hecho para el vestido en una tira de tela más chica. Pegar en la parte superior del brazo con cola vinílica.

PASO 27 • Fruncir la parte superior.

PASO 28 • Adherir los brazos al cuerpo dándoles el movimiento deseado con la silicona líquida.

PASO 29 • Decorar con flores de tela en las mangas y en el frente.

PASO 30 • Pegar la cinta alrededor de la cabeza y tapar la unión con flores de tela o papel.

PASO 31 • Colocar el collar para terminar la decoración.

PASO 32 • Forrar una base de telgopor doble de ambos lados y redondear bien los bordes con la yema de los dedos.

PASO 33 • Pegar una puntilla en todo el contorno de la base.

PASO 34 • Adherir sobre la puntilla una cinta para terminar la decoración.

PASO 35 • Fijar la osita a la base con cola vinílica.

PASO 36 • Terminar de decorar con moño y florcitas.

PASO 37 • Tonalizar con los polvos tonalizadores o la tiza pastel.

Profesora | **Paula Simonetti**

Amigas silenciosas

Un precioso grupo de lechuzas para acompañar cualquier evento y dar un toque único con su sencillez.

MATERIALES

- **Porcelana: 500 g para la docena de souvenirs**
- **Esferas de telgopor N° 3 y N° 6**
- **Colorantes: rosa, celeste, negro, verde, marrón, naranja y violeta**
- **Cortantes de círculos N° 2, N° 1 y N° 0,5 cm (ojos), N° 3 y N° 6 (pancitas)**
- **Cortantes de lágrimas**
- **Palo de amasar**
- **Cola vinílica**
- **Toallitas húmedas**
- **Estecas**
- **Círculos de telgopor de 10 cm (tapas de ¼ de helado)**
- **Cepillo de cerda dura**
- **Molde de silicona de flores y hojas**
- **Polvos tonalizadores**
- **Acrílico blanco o microfibra blanca**

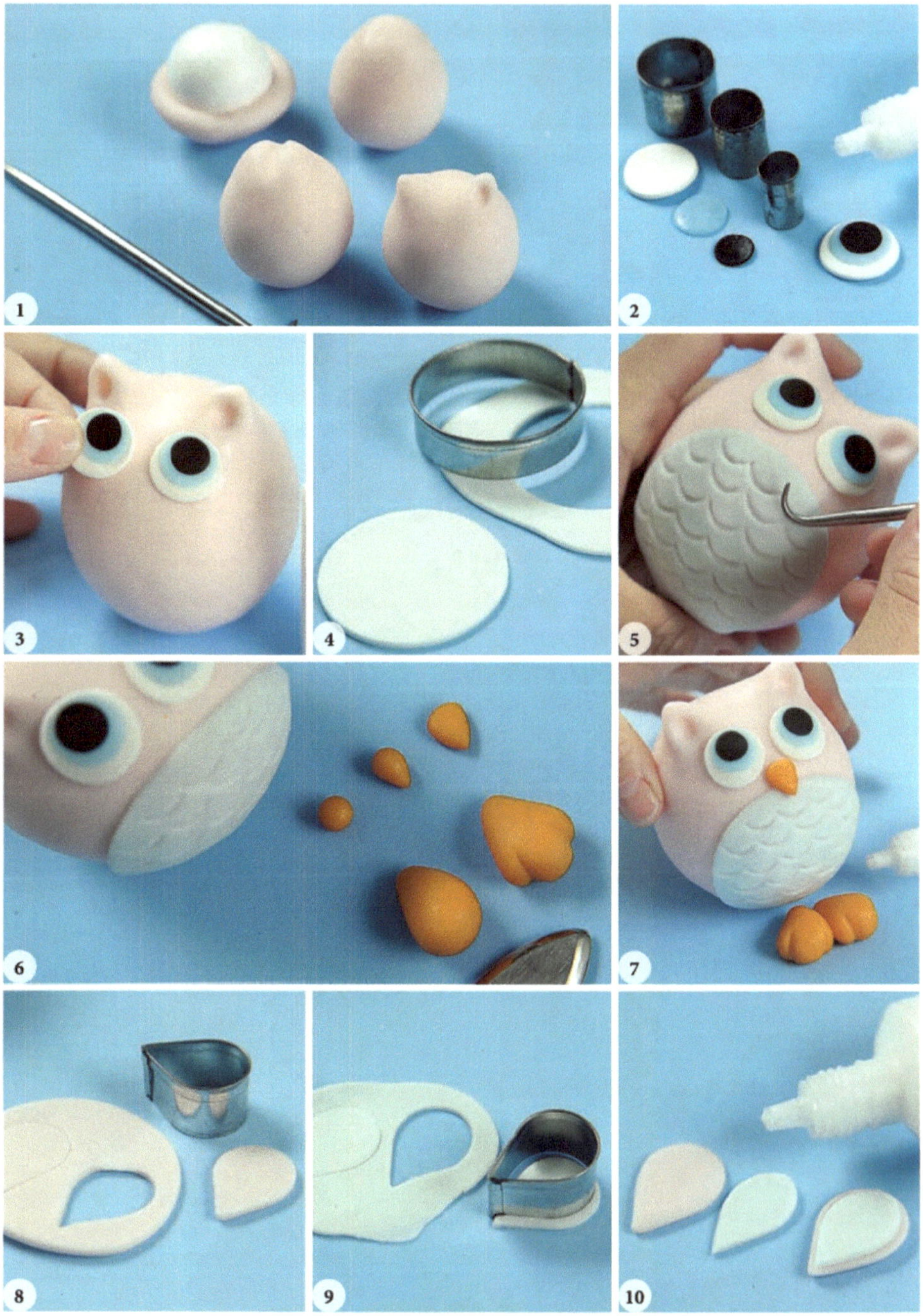

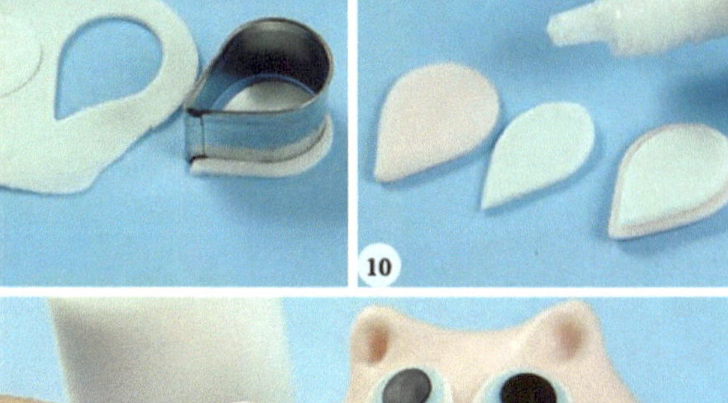

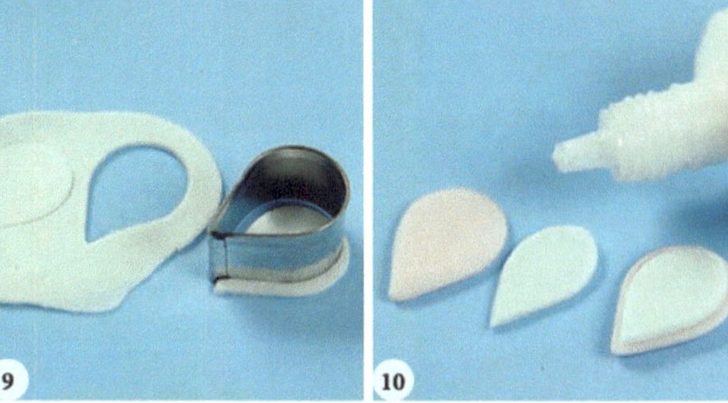

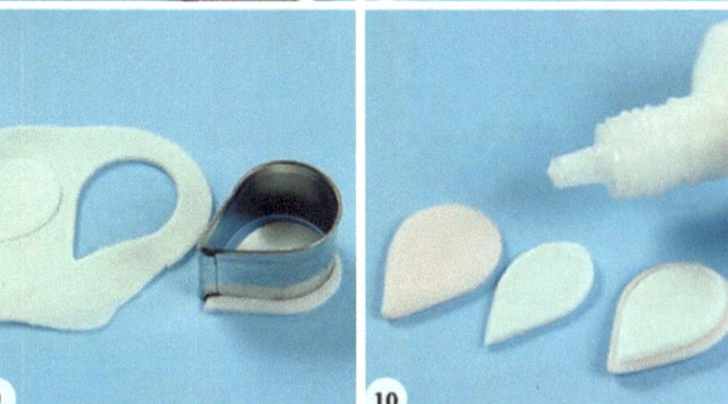

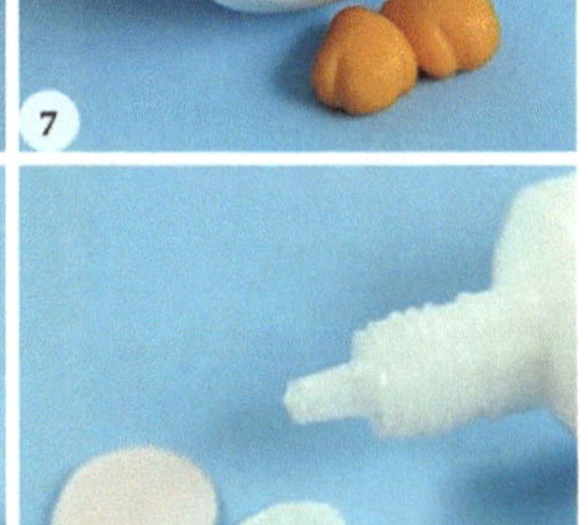

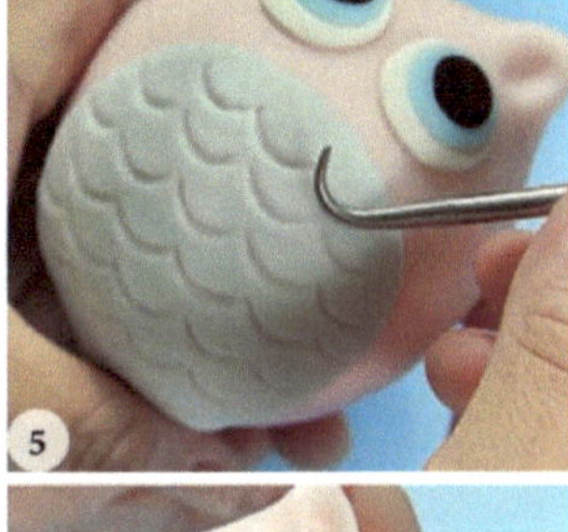

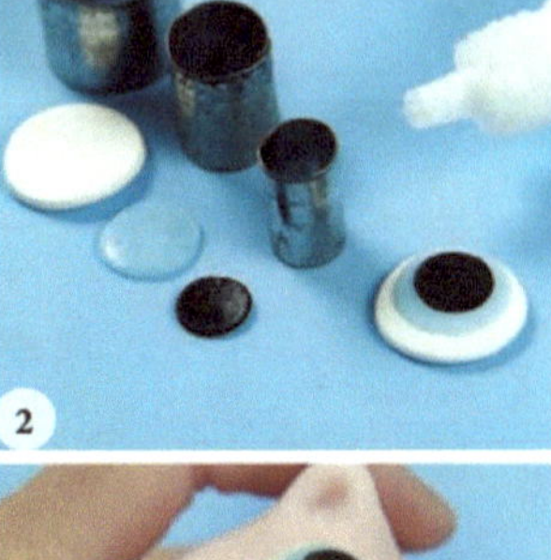

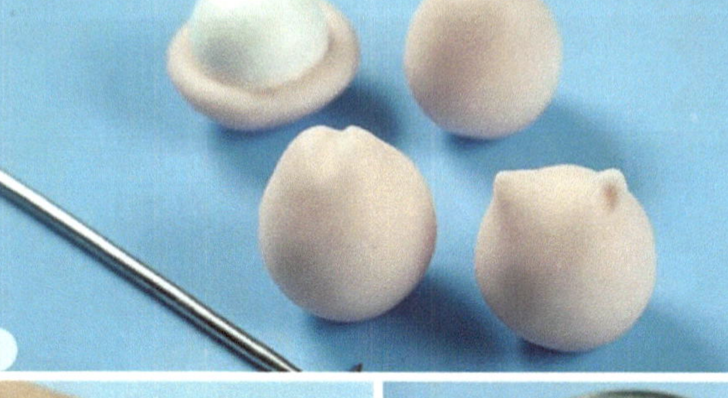

PASO 1 • Forrar, con una pequeña prolongación, una esfera N° 3. Separar las orejas y ahuecarlas.

PASO 2 • Para los ojos, cortar dos círculos blancos grandes, dos celestes medianos y dos chicos negros.

PASO 3 • Adherir los ojos bien arriba.

PASO 4 • Para la panza, estirar masa de otro tono y cortar con un círculo. Es importante que la masa sea gruesita para que al texturarla no se transparente.

PASO 5 • Pegar el círculo en la panza dejando un pequeño espacio para la nariz. Luego, marcar curvas con la esteca imitando plumitas.

PASO 6 • Para el pico, modelar una lagrimita y aplanarla. Para las patitas, realizar dos lágrimas más grandes y marcar la división de los dedos.

PASO 7 • Pegar el pico y luego, adherir el cuerpo a las patitas con cola vinílica.

PASO 8 • Estirar masa y cortar dos lágrimas para las alas.

PASO 9 • A parte, estirar masa celeste y cortar dos lágrimas más chicas y más finas.

PASO 10 • Unir ambas lágrimas y hacer una leve presión para ahuecar un poco.

PASO 11 • Pegar a ambos lados del cuerpo.

PASO 12 • Para el tronco, realizar un rollito.

PASO 13 • Prolongar una pequeña porción en uno de los extremos para simular una ramificación.

PASO 14 • Ahuecar los extremos y la bifurcación del tronco. Texturar simulando la corteza del tronco.

PASO 15 • Realizar cortes en los extremos.

PASO 16 • Para la base, estirar masa verde de 5 mm de espesor y cubrir el círculo de telgopor pegando con cola vinílica.

PASO 17 • Cortar el excedente, alisar con la palma de la mano y texturar con cepillo de cerda dura.

PASO 18 • Colocar el tronco sobre la base.

PASO 19 • Pegar la lechuza sobre el tronco.

PASO 20 • Con los moldes de silicona, realizar flores y hojas.

PASO 21 • Adherir con cola vinílica sobre la base las flores y las hojas.

PASO 22 • Dar luz y sombra con polvos tonalizadores.

PASO 23 • Realizar un puntito blanco en el ojo con acrílico blanco o microfibra blanca.

A tus pies

Ideal para souvenirs del festejo de la princesa de la casa o para decorar su cuarto.

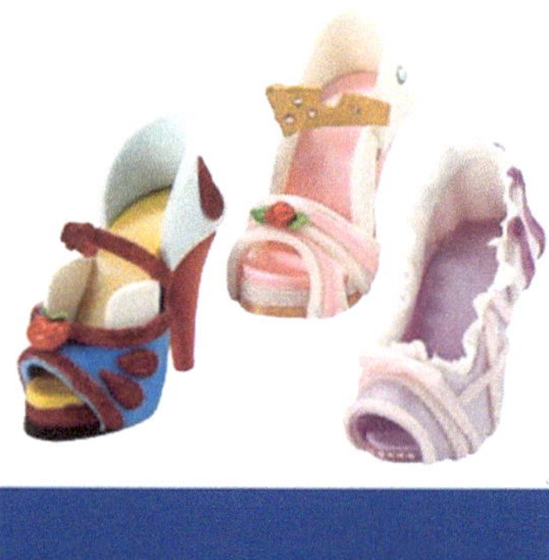

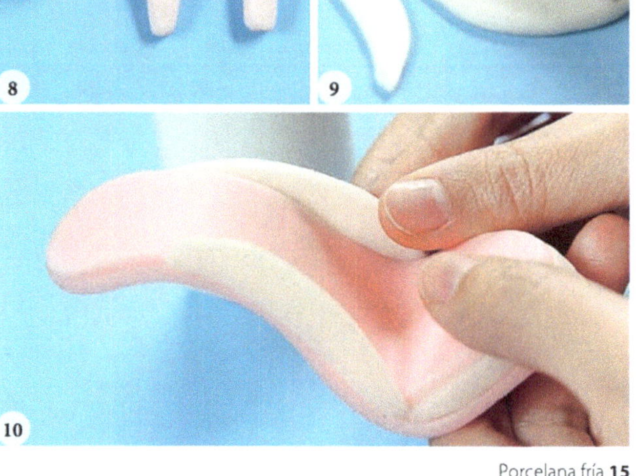
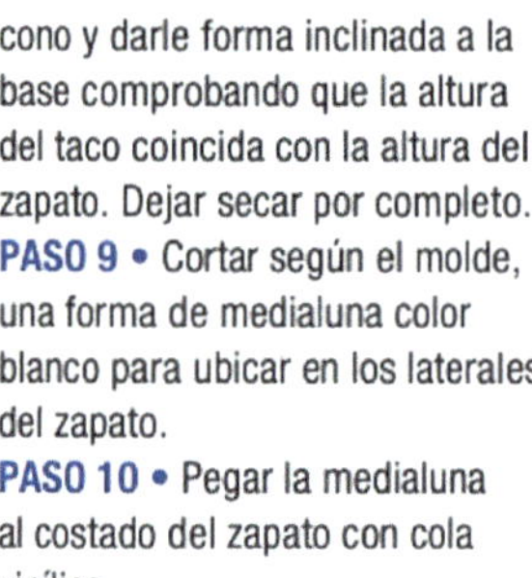

MATERIALES

- **Porcelana fría: 750g**
- **Cartón**
- **Tijera**
- **Cúter**
- **Colores: rosa, blanco, negro, rojo, amarillo, azul, lila y púrpura.**
- **Polvos tonalizadores**
- **Acrílico dorado**
- **Strass**
- **Palo de amasar**
- **Fritolim**
- **Toallitas húmedas**
- **Gibré**
- **Cola vinílica**

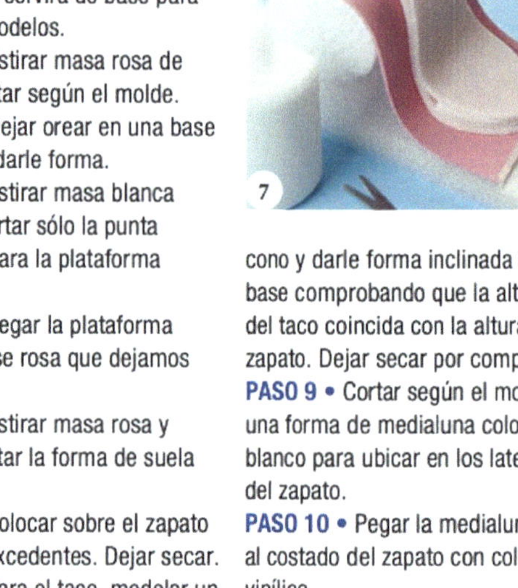

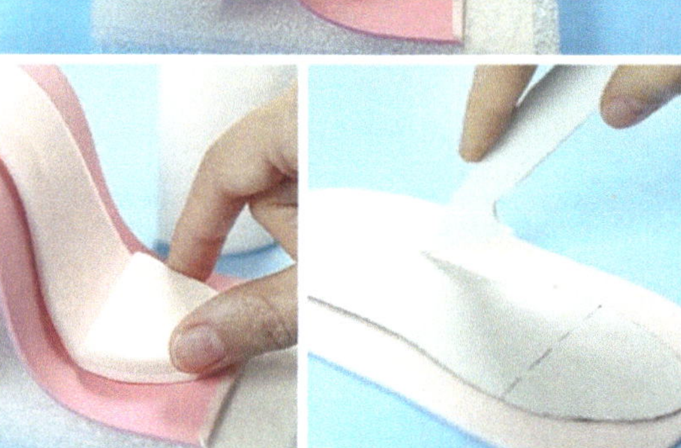
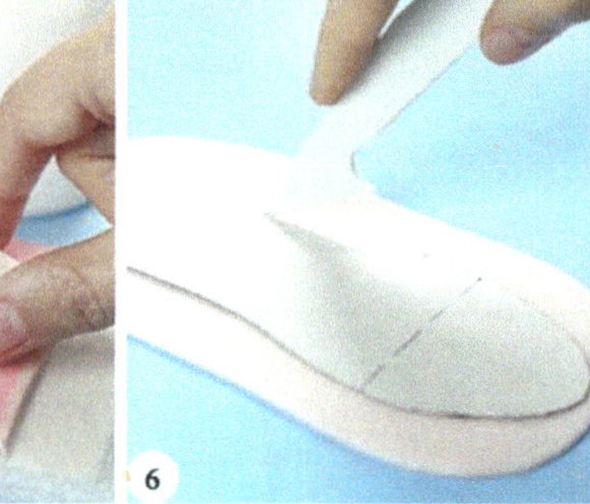

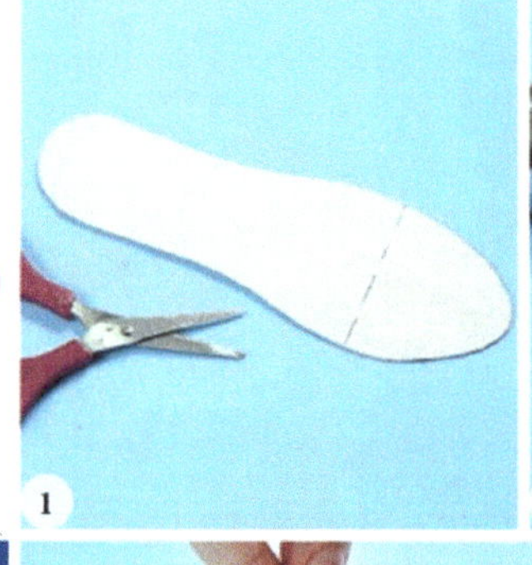

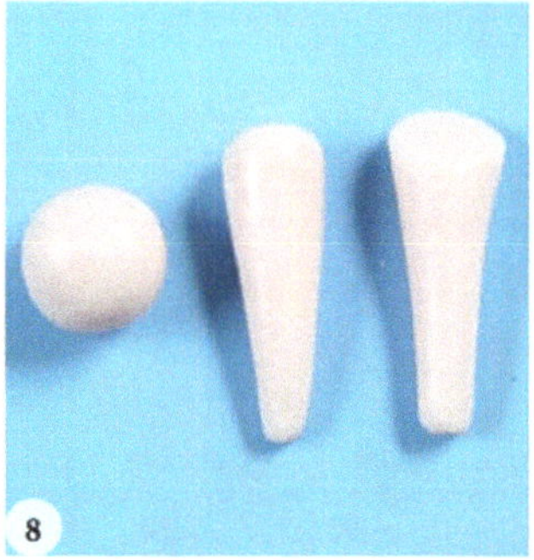

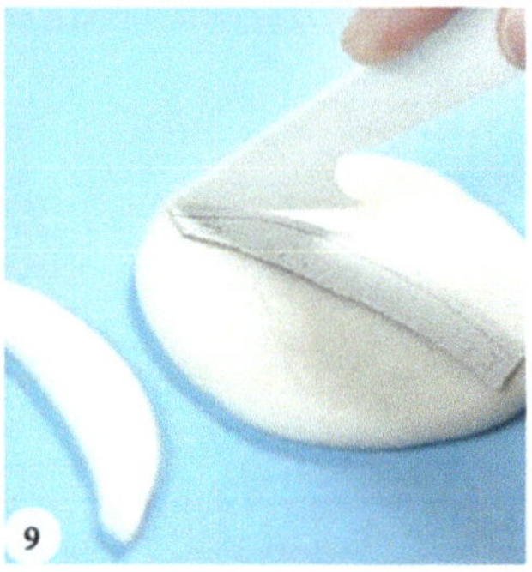

MODELO ROSA

PASO 1 • Recortar sobre cartón una plantilla en forma de suela de zapato, que servirá de base para todos los modelos.

PASO 2 • Estirar masa rosa de 4 mm y cortar según el molde.

PASO 3 • Dejar orear en una base curva para darle forma.

PASO 4 • Estirar masa blanca gruesa y cortar sólo la punta del molde para la plataforma del zapato.

PASO 5 • Pegar la plataforma sobre la base rosa que dejamos orear.

PASO 6 • Estirar masa rosa y volver a cortar la forma de suela de base.

PASO 7 • Colocar sobre el zapato y recortar excedentes. Dejar secar.

PASO 8 • Para el taco, modelar un cono y darle forma inclinada a la base comprobando que la altura del taco coincida con la altura del zapato. Dejar secar por completo.

PASO 9 • Cortar según el molde, una forma de medialuna color blanco para ubicar en los laterales del zapato.

PASO 10 • Pegar la medialuna al costado del zapato con cola vinílica.

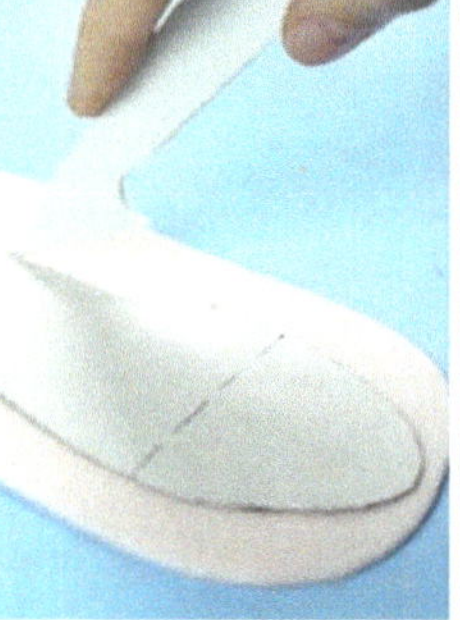

PASO 11 • Estirar masa blanca de 4 mm y cortar según molde el talón del zapato.

PASO 12 • Adherir a la base del zapato con cola vinílica.

PASO 13 • Pegar el taco ya seco.

PASO 14 • Estirar masa y cortar una tira blanca para la capellada (según plantilla). Decorar con una tira rosa más finita, repetir el procedimiento dos veces.

PASO 15 • Pegar las tiras en la capellada según el modelo.

PASO 16 • Cortar una forma de corona (según plantilla) y marcar el centro para poder plegar al medio.

PASO 17 • Decorar la corona con strass.

PASO 18 • Pegar en la parte delantera del zapato con cola vinílica.

PASO 19 • Pintar los detalles con acrílico dorado, polvos tonalizadores y gibré. Aplicar una rosa y hojas para finalizar la decoración.

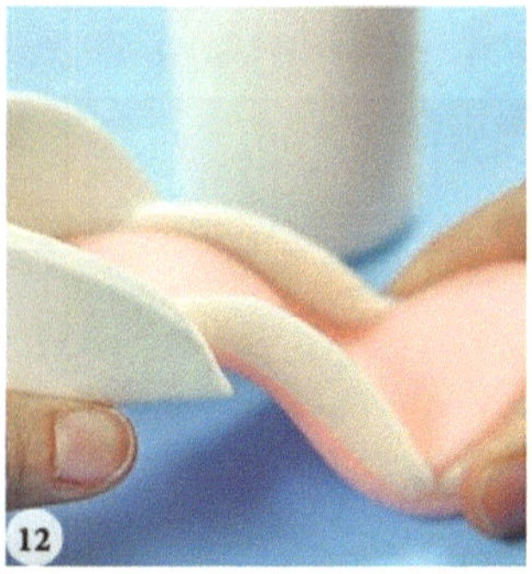

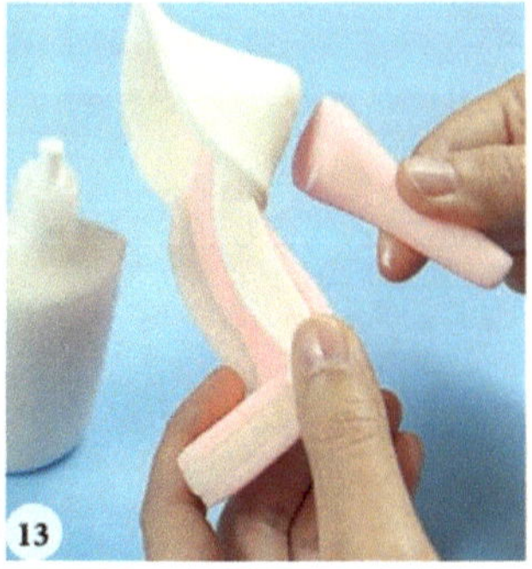

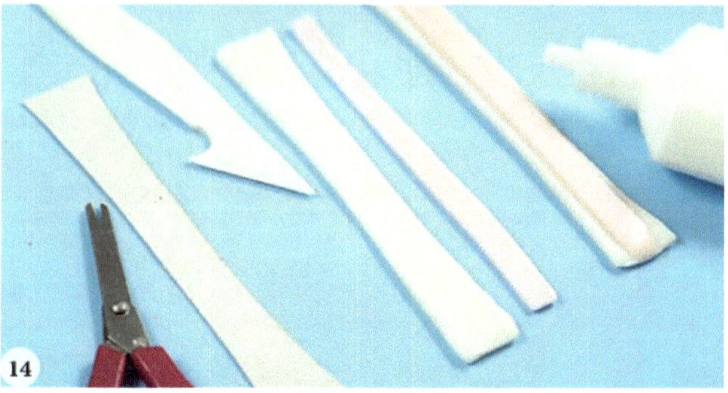

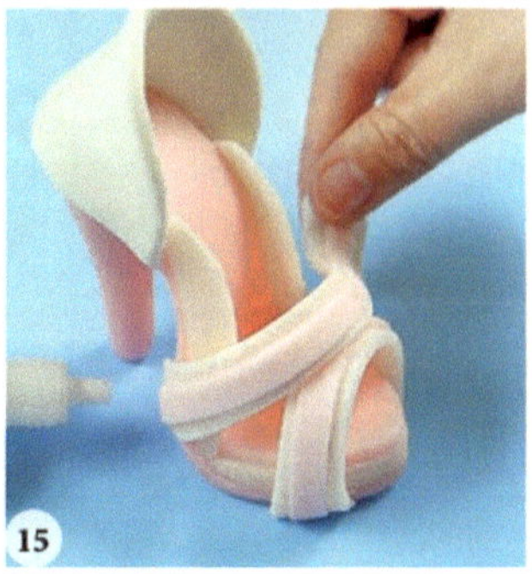

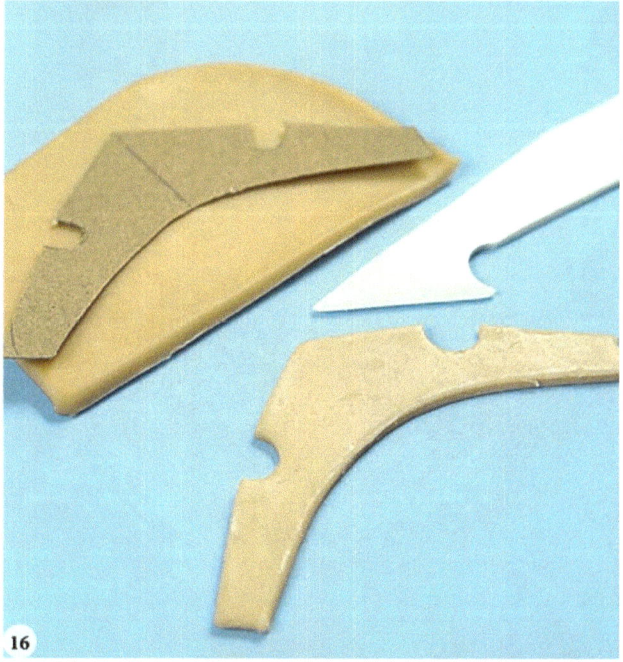

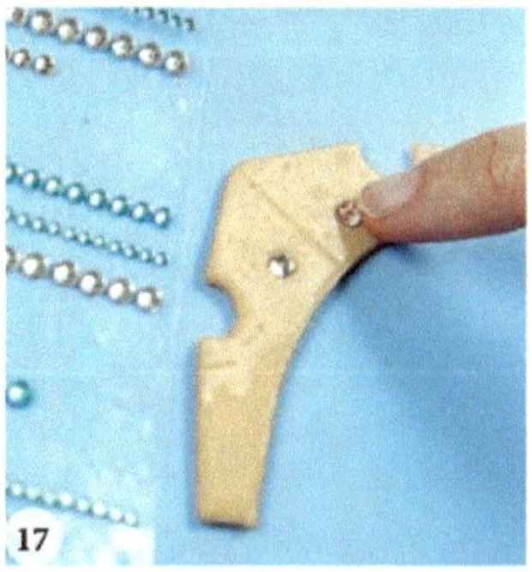

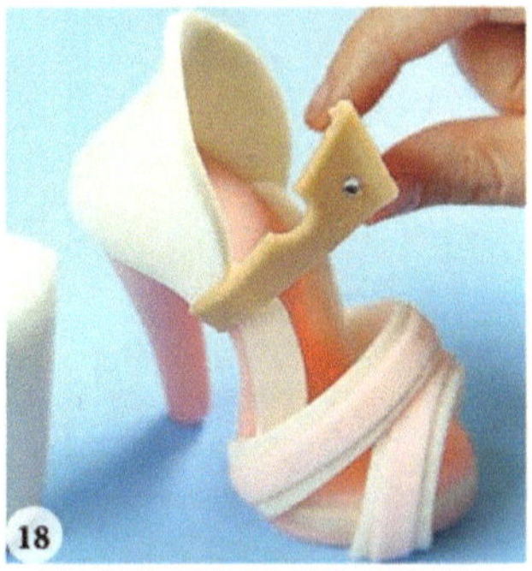

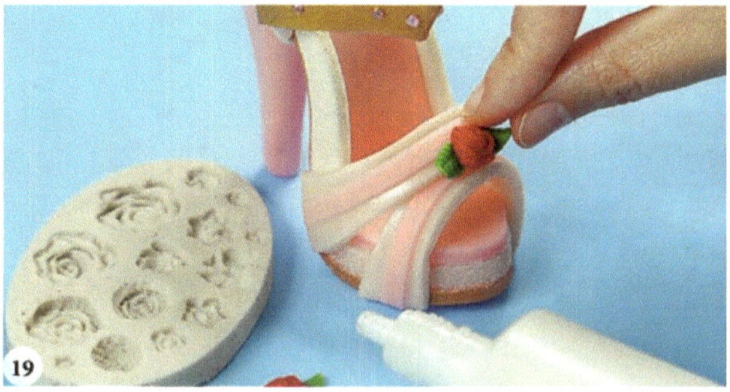

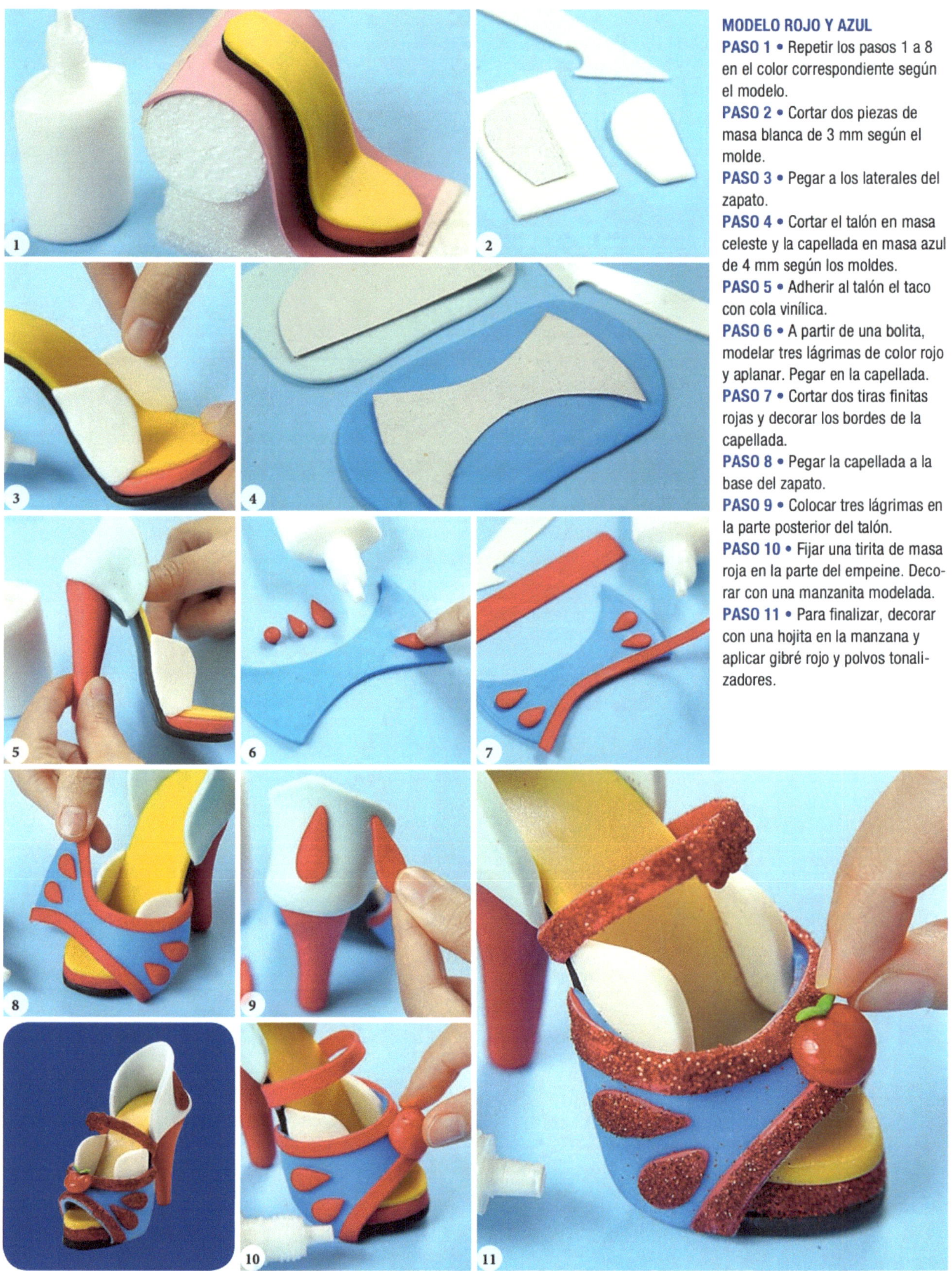

MODELO ROJO Y AZUL

PASO 1 • Repetir los pasos 1 a 8 en el color correspondiente según el modelo.

PASO 2 • Cortar dos piezas de masa blanca de 3 mm según el molde.

PASO 3 • Pegar a los laterales del zapato.

PASO 4 • Cortar el talón en masa celeste y la capellada en masa azul de 4 mm según los moldes.

PASO 5 • Adherir al talón el taco con cola vinílica.

PASO 6 • A partir de una bolita, modelar tres lágrimas de color rojo y aplanar. Pegar en la capellada.

PASO 7 • Cortar dos tiras finitas rojas y decorar los bordes de la capellada.

PASO 8 • Pegar la capellada a la base del zapato.

PASO 9 • Colocar tres lágrimas en la parte posterior del talón.

PASO 10 • Fijar una tirita de masa roja en la parte del empeine. Decorar con una manzanita modelada.

PASO 11 • Para finalizar, decorar con una hojita en la manzana y aplicar gibré rojo y polvos tonalizadores.

MODELO LILA Y AMARILLO

PASO 1 • Estirar masa lila gruesa, cortar según el molde la plantilla de base y dejar secar sobre la base.

PASO 2 • Para el taco, modelar un rollo con inclinación más grueso que los anteriores tacos, y marcar líneas en forma de trenza.

PASO 3 • Texturar simulando cabello; dejar secar las piezas por separado.

PASO 4 • Para la capellada, cortar en masa lila de 4 mm según molde. Dejar orear.

PASO 5 • Cortar el talón en masa lila más claro según molde.

PASO 6 • Colocar la capellada en el zapato.

PASO 7 • Adherir el talón igual que en los modelos anteriores.

PASO 8 • Pegar el taco con cola vinílica.

PASO 9 • Cortar tiritas en lila más oscuro y decorar el talón.

PASO 10 • Recortar tiras de masa rosa y decorar los laterales del zapato y la capellada.

PASO 11 • Cortar tiritas blancas finitas y ruletear.

PASO 12 • Pegar la tira blanca ruleteada en el borde del zapato. Desde el interior hacia afuera.

Para finalizar, decorar con flores, strass y gibré.

Profesora | **Nanci Arrúa**

Grand Prix

Un fabuloso auto de fórmula uno rodeado de fantásticas ruedas como souvenirs.

MATERIALES

- Porcelana fría: 700 g para adorno central y 150 g para cada souvenir
- Colorantes: rojo, negro y blanco
- Estecas y bolillos
- Cola vinílica
- Toallitas húmedas
- Palo de amasar
- Cortante de círculo
- Base de telgopor
- Sticker
- Palillos de madera
- Pintura acrílica negra
- Pincel
- Cúter
- Pinza o alicate

PASO 1 • Para comenzar a modelar el auto se deberá modelar una lágrima, la punta de la misma será la trompa del vehículo.

PASO 2 • Sacar un cuello en la parte posterior de la lágrima y marcar ambos laterales con una esteca.

PASO 3 • Realizar en la parte posterior una divisón con la ayuda de una esteca, dejando una pequeña porción de masa entre el cuello realizado anteriormente y la división que se está realizando.

PASO 4 • Darle forma a esta porción de masa que dajamos en el paso anterior, para que la misma simule ser la entrada de aire que tienen los autos de carrera. Con un bolillo dar profundidad y ahuecar el sector del asiento.

PASO 5 • Remarcar los laterales para simular las formas originales del auto.

PASO 6 • Realizar las marcas correspondientes en el frente de la Ferrari con un bolillo.

PASO 7 • Estirar masa de color negro.

PASO 8 • Adherir con cola vinílica la estructura del auto sobre la

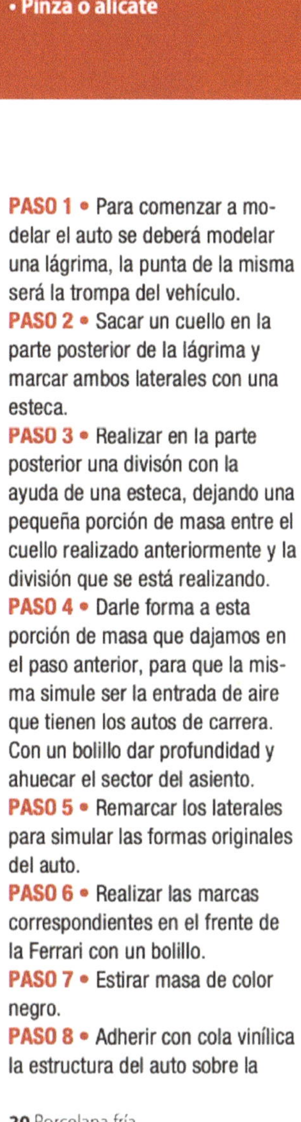

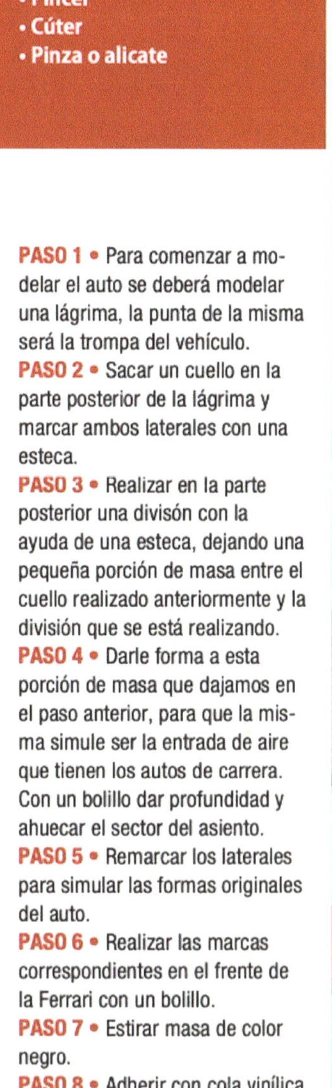

base de masa negra y recortar la silueta del mismo con la ayuda de una esteca.

PASO 9 • Rellenar los orificios con masa de color negra y con la ayuda de un bolillo, dar profundidad a los mismos.

PASO 10 • Estirar masa y cortar la forma del alerón.

PASO 11 • Estirar masa y cortar las partes del paragolpes.

PASO 12 • Realizar marcas con una esteca.

PASO 13 • Para las ruedas, modelar una bolita y aplanarla dentro del cortante.

PASO 14 y 15 • Marcar con cortantes redondos más pequeños el centro de la rueda.

PASO 16 • Realizar el dibujo de las llantas con una esteca.

PASO 17 • Rellenar el centro de la rueda con un círculo de masa color gris y colocarle una bolita de masa de color rojo.
Es muy importante dejar secar las ruedas antes de armar el auto para que no pierdan la forma.

PASO 18 • Pintar los palitos de madera con acrílico negro.

PASO 19 • Introducir los palillos de madera en la estructura de la Ferrari.

PASO 20 • Cortar los palillos de madera en el punto de encuentro, de esta manera todos quedarán del mismo largo.

PASO 21 • Pegar las ruedas a los palillos con cola vinílica.

PASO 22 • Adherir la parte superior del alerón.
PASO 23 • Fijar los laterales del alerón con cola vinílica.
PASO 24 • Compactar bien los laterales del alerón con las ruedas, para que no se separen las partes.
PASO 25 • Pegar con cola vinílica la parte inferior del paragolpe y los laterales del mismo.
PASO 26 • Para los stickers, se pueden imprimir los mismos en hojas autoadhesivas. Pegarlos según el modelo.

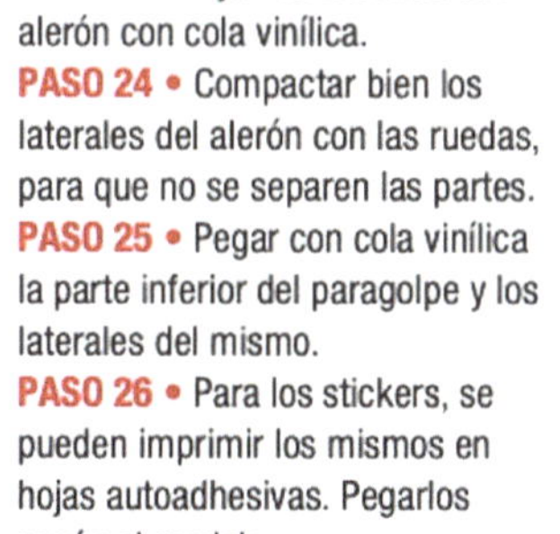

SOUVENIRS

PASO 1 y 2• Modelar las ruedas de la misma manera que el modelo central (pasos 13, 14, 15, 16 y 17).

PASO 3 • Forrar una base de telgopor con masa color blanca de ambos lados, la misma deberá tener el mismo espesor.

PASO 4 • Cortar el excedente con una esteca.

PASO 5 • Estirar masa de color negro y cortar tiritas.

PASO 6 • Cortar esas tiritas para formar cuadrados.

PASO 7 • Pegar los mismos sobre la base con cola vinílica.

PASO 8 • Presionar con la palma de la mano para que queden bien integrados.

PASO 9 • Pegar la rueda sobre la base.

PASO 10 • Cortar la patita que trae el capuchón de la lapicera con un cúter.

PASO 11 • Adherir el capuchón sobre la base, detrás de la rueda, con cola vinílica.

Profesora | **Soledad Quipildor**

Dulces abejitas

Tacitas adornadas con abejitas para usar como golosinero o un práctico lapicero. Ideal para dar a los invitados como regalo de un cumpleaños del primer añito.

MATERIALES

- Porcelana fría: 1 kg
  (5 souvenirs)
- Esferas de telgopor N° 1
- Pigmentos para
  porcelana: rosa, amarillo,
  naranja flúo, negro,
  celeste y blanco
- Esteca y ruedita metálica
- Cola vinílica
- Palo de amasar
- Toallitas húmedas
- Ojos autoadhesivos
- Cortante de círculo
- Cortante de flores de
  diferentes tamaños
- Cortante de corazón
- Tazas de café descartables
- Escarbadientes

PASO 1 • Para este trabajo,
utilizar tazas descartables.
PASO 2 • Estirar masa rosada.
PASO 3 • Forrar la taza dejando la
unión para el lado del asa.
PASO 4 • Estirar masa rosada y
cortar un círculo con un cortante.
PASO 5 • Pegar el círculo a la
base con cola vinílica.
PASO 6 • Estirar masa más gruesa para cubrir el asa.
PASO 7 • Para decorar la taza,
realizar costuras en la misma con
una esteca de ruedita metálica.
Estirar masa y cortar flores de
diferentes tamaños, las mismas
serán adheridas con cola vinílica.

PASO 8 • Para el cuerpo de la abejita, partiendo de una bolita, modelar una lágrima y en el extremo contrario de la punta, achicar la parte de los hombros.

PASO 9 • Estirar masa y cortar varias cintas de color negro. Adherirlas alrededor del cuerpo con cola vinílica.

PASO 10 • Para las patas, hacer dos rollitos con una bolita en la punta, darle base al sector del pie y buscar el talón.

PASO 11 • Pegar las patas al cuerpo con cola vinílica.

PASO 12 • Para modelar la cabeza, forrar la esfera Nº 1 con una prolongación cortita. Marcar una canaleta separando el sector de la frente de los cachetes.

PASO 13 • Realizar la boca marcando solamente el labio inferior. Con la ayuda de una esteca de gancho marcar y levantar las cejas.

PASO 14 • Para cubrir la cabeza de la abeja, estirar masa negra, con un cortante de corazón cortar en el centro y cortar la parte inferior del corazón.

PASO 15 • Colocar sobre la cabeza llevando el excedente hacia atrás.

PASO 16 • Pegar la cabeza al cuerpo con un palillo de madera y colocarle una bolita de color rosa para la nariz.

PASO 17 • Para los brazos, realizar dos rollitos con una bolita en la punta.

PASO 18 • Adherir los brazos en la posición deseada.

PASO 19 • Para las antenas, hacer dos rollitos inclinados y enrularles la punta.

PASO 20 • Pegar las antenas sobre la cabeza. Para las alas, estirar masa blanca y cortar las mismas con un cortante de corazón.

PASO 21 • Fijar las alas en la parte posterior del cuerpo y pegar la abejita a la taza con cola vinílica.

PASO 22 • Colocar los ojos autoadhesivos.

Profesora | **Alejandra Domínguez**

Pop Star

Una preciosa guitarra para entregar como souvenir en un cumpleaños de una niña, amante de la música y que sueña con ser estrella de rock.

MATERIALES

- Porcelana fría: 100 g c/u
- Pigmento para porcelana:
  rosa, violeta y negro
- Estecas y bolillos
- Cola vinílica
- Toallitas húmedas
- Palo de amasar
- Papel film
- Polvo de nácar
- Cortante de círculo
- Cortante de guitarra
- Gibré rosa, violeta y negro
- Lentejuelas de estrellas
  y corazones
- Strass autoadhesivos
- Espejos
- Varillas niveladoras
- Pintura en relieve con brillo

PASO 1 • Para las guitarras, estirar masa gruesa de color violeta; para que la misma quede a nivel se recomienda el uso de varillas de 1 cm de espesor.

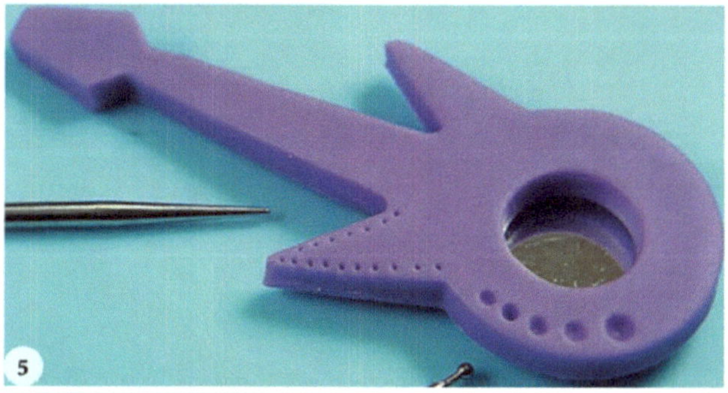

PASO 2 • Cortar con cortante y redondear los filos.

PASO 3 • Hundir un espejo de 3 cm de diámetro en la parte posterior y pegar los bordes del mismo con cola vinílica.

PASO 4 • Calar en el frente con un cortante de círculo más pequeño para que aparezca el espejo.

PASO 5 • Decorar el frente de la guitarra con puntos de diferentes tamaños, los mismos se pueden lograr con bolillos o estecas de punta.

PASO 6 • Para realizar los arabescos en el frente de la guitarra, utilizar una esteca de gancho.

PASO 7 • Decorar con los strass autoadhesivos.

PASO 8 • Decorar con las lentejuelas doradas con forma de corazón y estrellas.

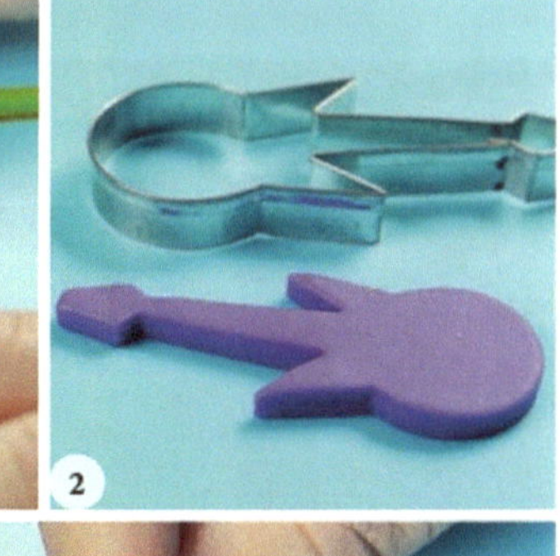

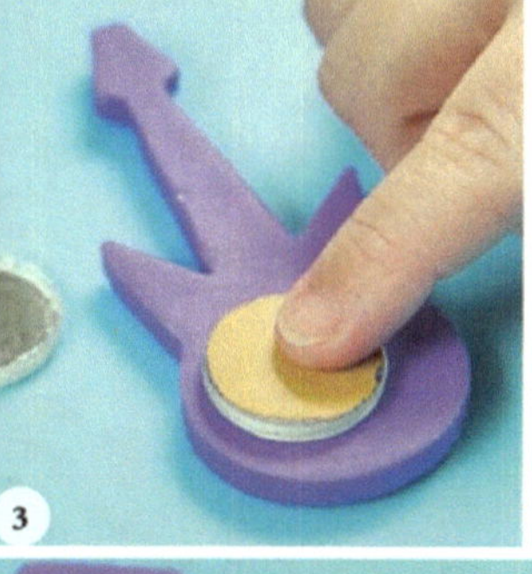

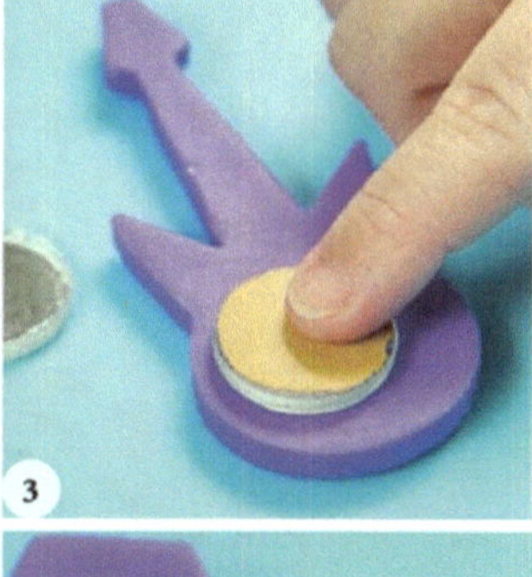

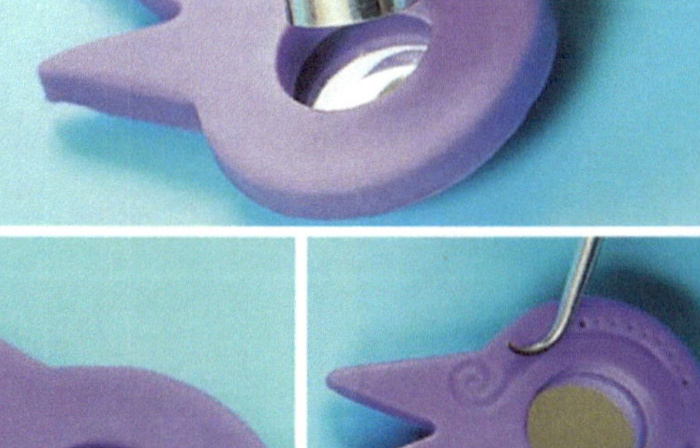

PASO 9 • Rellenar los orificios marcados con un bollilo con pintura en relieve con brillo en el tono deseado.

PASO 10 • Para la base, estirar masa rosa gruesa, colocar papel film sobre la misma y cortar con la ayuda de un cortante de estrella.

PASO 11 • Marcar arrugas con una esteca.

PASO 12 • Colocar a la base polvo de nácar. Es preferible colocarlo con la masa fresca para que se adhiera mejor a la masa.

PASO 13 • Pegar la guitarra a la base con cola vinílica.

PASO 14 • Estirar masa fina, colocar cola vinílica en toda la superficie, y luego espolvorear el gibré.

PASO 15 • Colocar papel film sobre la masa y pasar el palo de amasar. De esta manera se adhiere mejor el gibré.

PASO 16 • Sin sacar el papel film, cortar estrellas de diferentes tamaños. Puede realizarla en distintos colores.

PASO 17 • Decorar la base con las estrellas.

Profesora | **Adriana Garifo**

Hermosos angelitos llenos de ternura e inocencia que acompañan el Bautismo.

MATERIALES

- Porcelana fría: 900 g (para el central y 8 souvenirs)
- Colorantes: naranja flúo, blanco, celeste y marrón chocolate
- Esferas de telgopor N° 2 y N° 5
- Cono de telgopor de 10 cm
- Cúter
- Eyector
- Palo de amasar
- Papel film
- Toallitas humedecidas
- Base para el central
- Polvo nácar
- Ojos autoadhesivos
- Cola vinílica

PASO 1 • Para la túnica, cortar la punta del cono con un cúter y con una lija finita sacar los filos.

PASO 2 • Forrar el cono presionando de arriba hacia abajo con las palmas de las manos, de manera pareja.

PASO 3 • Al llegar a la base del cono, llevar la masa hacia abajo para cubrirlo y redondear bien todo el borde.

PASO 4 • Marcar una canaleta para la cintura.

PASO 5 • Presionar de abajo hacia arriba para levantar el borde del vestido donde se ubicarán los pies.

PASO 6 • Realizar pliegues en la cintura y el borde de la túnica.

PASO 7 • Para el cordón, utilizar la boquilla de trébol del eyector y trenzarlo.

PASO 8 • Pegar el cordón en la canaleta de la cintura con cola vinílica.

PASO 9 • Partir de dos rollitos de masa con inclinación para hacer los pies. Separar y redondear los dedos con una esteca.

PASO 10 • Adherir los pies en el borde levantado de la túnica.

PASO 11 • Pegar un parchecito y realizar costurita con la esteca.

PASO 12 • Para las mangas, hacer un rollito con inclinación y ahuecar, doblar marcando un codito.

PASO 13 • Modelar un par de manos básicas y pegar a las mangas con cola vinílica.

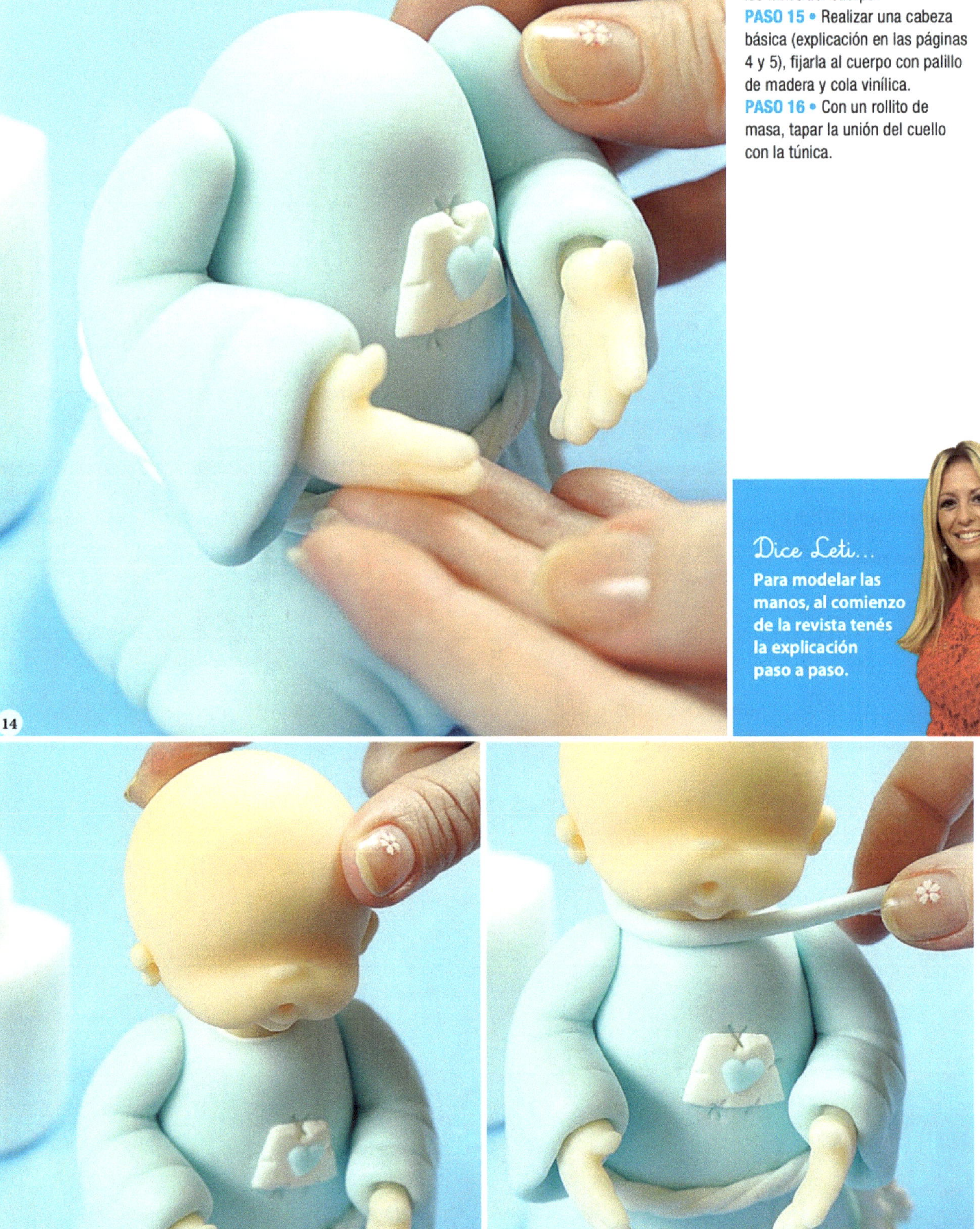

PASO 14 • Adherir las mangas a los lados del cuerpo.
PASO 15 • Realizar una cabeza básica (explicación en las páginas 4 y 5), fijarla al cuerpo con palillo de madera y cola vinílica.
PASO 16 • Con un rollito de masa, tapar la unión del cuello con la túnica.

PASO 17 • Estirar masa finita y cortar dos alas con el cortante de corazón.

PASO 18 • Con el cortante de círculo N° 2 cortar la aureola.

PASO 19 • Partir de una bolita sin grietas de masa y realizar el casquito para el pelo.

PASO 20 • Texturar con una esteca el peinado del angelito.

PASO 21 • Para el chupete, modelar una bolita de masa y ahuecar con el bolillo. Hacer otra bolita de otro color haciendo un rollito con las puntas afinadas.

PASO 22 • Pegar las alas por detrás de los brazos con cola vinílica.

PASO 23 • Adherir el chupete y la aureola en la cabeza.

PASO 24 • Para la base, estirar masa gruesa y forrar.

PASO 25 • Marcar el borde y redondear para simular una nube.

PASO 26 • Modelar bolitas de masa de distintos tamaños y pegar como nubecitas.

PASO 27 • Para finalizar, pegar ojos autoadhesivos, dibujar cejas y pecas. Aplicar polvo tonalizador como rubor.